Armemos el Rompecabezas

En búsqueda de respuestas para las preguntas
más importantes de la vida

Richard B. Ramsay

Armemos el Rompecabezas

En búsqueda de respuestas para las preguntas más importantes de la vida

Richard B. Ramsay

© 2025 Copyright Richard B. Ramsay

ISBN: 979-8-90148-577-4

Staten House

"¿Todavía hay un arriba y un abajo?"

"¿No nos encontramos acaso vagando por una nada infinita?"

El "loco" en el libro de Nietzsche grita estas preguntas mientras corre por el mercado, enfrentando las consecuencias de no creer en Dios.

"Nadie espera cuando sube a un tren que lo vaya a llevar al destino deseado".

El guardagujas en el cuento de Juan José Arreola le dice al viajero que, si tiene la suerte de poder tomar un tren, posiblemente no lo lleve a su destino. Hay quienes viajan durante años y finalmente deciden bajarse del tren en algún lugar remoto, mientras que otros permanecen a bordo hasta morir.

¿De dónde venimos? ¿Quiénes somos? ¿Adónde vamos?

El famoso artista Gauguin pintó un cuadro con este título. A un lado se ve un bebé, y al cruzar al otro lado, se ve la figura de una anciana que está muriendo.

¿Y usted?

- ¿A veces se pregunta de dónde venimos y adónde vamos? ¿Cuál es el destino del tren en que viajamos?

- ¿Se pregunta si Dios existe y si hay vida después de la muerte?

- ¿Por qué estamos aquí? ¿Simplemente volamos a través de una nada infinita?

- ¿Cómo sabe lo que es bueno y lo que es malo? ¿Hay un "arriba" y un "abajo"?

- ¿No le gustaría saber por qué hay tanto sufrimiento y maldad en el mundo, y saber cuál es la solución?

- ¿Y qué de la verdad misma? ¿Cómo puede estar seguro de algo?

A veces la vida parece un rompecabezas complicado. Este folleto le ayudará a encajar las piezas y a buscar respuestas a las preguntas más importantes de la vida. Como en cualquier rompecabezas, todas las piezas deben encajar de una manera coherente para formar una imagen completa.

CONTENIDO

1. ¿Cómo llegamos aquí? ¿Existe Dios?

Hay dos opciones principales para explicar la existencia del maravilloso mundo en el que vivimos y las características extraordinarias de los seres humanos: o es el resultado de un proceso impersonal como la evolución o es la obra de un diseñador inteligente personal, un Creador.[i]

Algunas personas, como el famoso físico Stephen Hawking, argumentan que no necesitamos creer en Dios para explicar el universo. Sin embargo, si aceptamos esta opción como una pieza del rompecabezas, no podremos encajarla.

En primer lugar, los detalles de la naturaleza y las características de los seres humanos son difíciles de explicar simplemente como resultado de un proceso impersonal. Consideremos las complejas partes y funciones del cuerpo humano, la delicada belleza de una flor, los colores cambiantes de un atardecer, la majestuosidad de las montañas, los vastos océanos y las innumerables estrellas. La estructura de los átomos y las leyes físicas del universo están perfectamente ajustadas para funcionar correctamente y permitir que los planetas permanezcan en sus órbitas. Si la gravedad fuera ligeramente más fuerte, el universo colapsaría.

Piense en la asombrosa naturaleza interior del ser humano. ¿Cómo se explican las emociones, la lógica, la creatividad, el sentido del bien y del mal, el don de apreciar la belleza y la habilidad de tomar decisiones? La Biblia enseña que los seres humanos fueron creados "a imagen de Dios", es decir, con cualidades similares a las que tiene Dios mismo (véase Génesis 1:27).

¿Y qué hay del origen de todo? El universo no pudo surgir de la nada.

En segundo lugar, si fuéramos producto de un proceso impersonal, no podríamos confiar en nuestras propias convicciones. Significaría, como dijo Cabanis, "El cerebro secreta pensamientos de la misma manera que el hígado secreta bilis".[ii] C.S. Lewis argumenta que nuestras convicciones personales no significarían más que el color de nuestro pelo.[iii]

Esto nos lleva inevitablemente a una autocontradicción. Como reconoció un científico: "Si mis procesos mentales están determinados completamente por el movimiento de los átomos en mi cerebro, no tengo razones para suponer que mis creencias sean verdaderas... y, por lo tanto, no tengo razones para suponer que mi cerebro esté compuesto de átomos".[iv]

Darwin mismo admitió lo siguiente en una carta:

> Siempre surge la terrible duda de si las convicciones de la mente humana, desarrollada de la mente de

animales inferiores, tendrán algún valor y serán dignas de confianza. ¿Confiaría alguien en las convicciones de la mente de un mono, si es que tendrá convicciones?[v]

Pero en realidad no tenemos que probar que Dios existe. La Biblia nos dice que todas las personas ya tienen un conocimiento instintivo en el corazón de Su existencia y que toda la naturaleza habla de Él (véase Romanos 1:19-20).

A veces lo dudamos o lo negamos, pero Dios nos recuerda a cada uno de Su presencia de la manera que lo necesitemos. Para C.S. Lewis, fue su alegría lo que le hizo reconocer la existencia de Dios. Sabía que la alegría no podía provenir de un universo impersonal.[vi]

Dios me hizo consciente de que Él era real una noche mientras contemplaba las innumerables estrellas. ¡De repente, sentí Su presencia y Su grandeza! ¡Sabía que Él estaba allí! ¡Regresé a casa esa noche con una profunda alegría en mi corazón!

2. ¿Por qué estoy aquí?
¿Cuál es mi propósito?

De nuevo, existen dos categorías principales al considerar el propósito de la vida: vivir para uno mismo o vivir para los demás.

Nietzsche pensaba que debemos liberarnos de las normas éticas externas y crear nuestros propios valores. Debemos evitar la "debilidad" y esforzarnos por ser "fuertes", aprendiendo a imponer nuestra propia voluntad a los demás.[vii]

Si no hay Dios, la opción de vivir solo para uno mismo, según normas propias, podría ser atractiva. ¿Por qué no? Sin embargo, produce consecuencias muy negativas, como relaciones rotas, crueldades e injusticias.

Algunos defienden la primera opción como una tendencia natural. El Marqués de Sade era conocido por su estilo de vida pervertido y por disfrutar de la crueldad sexual, de donde deriva el término "sadismo". Escribió:

> Creado por la naturaleza con inclinaciones ardorosas, con pasiones fortísimas, únicamente colocado en este mundo para entregarme a ellas y para satisfacerlas...[viii]

Pero la mayoría admitiría que su instinto le dice que el egoísmo es malo. Esta noción es innegable.

Nuestro sentido del bien y del mal proviene de Dios mismo, quien nos creó a Su imagen. La Biblia explica que Dios ha grabado algo de Sus principios morales en nuestros corazones. Después de la Caída, tendremos diferencias de opinión en muchas decisiones éticas, pero todavía tenemos una conciencia (Romanos 2:14-15), y muchos estaremos de acuerdo en ciertos conceptos básicos.

Jesús resume el propósito de la vida en dos mandamientos principales: amar a Dios y amar al prójimo como a sí mismo. Esto no significa abandonar el amor propio. De hecho, es difícil amar a otros sin amarse a sí mismo. Pero no debemos ponernos en primer lugar a expensas de los demás. Piense en la "regla de oro": Trate a los demás como le gustaría ser tratado.

Toda la Biblia nos da pautas éticas. Desde el principio, se suponía que las personas debían desarrollar una sociedad armoniosa y cuidar la creación (Génesis 1 y 2). Los Diez Mandamientos contienen principios que la mayoría de la gente considera importantes, como no mentir, no robar, y no matar. El apóstol Pablo nos recuerda que debemos hacer todo para honrar a Dios (1 Corintios 10:31).

Las dos primeras piezas del rompecabezas encajan perfectamente. Ya que Dios nos creó, Él debe ser el centro de nuestras vidas, y como nos hizo a Su imagen con un sentido del bien y del mal, sabemos instintivamente que debemos amar a los demás. Cuando seguimos estos principios, hay armonía. Cuando no lo hacemos, causa conflicto y destrucción.

Cuando estaba dudando de la existencia de Dios, no veía ningún propósito en mi vida. Incluso, me preguntaba por qué debería ser bueno en lugar de malo. Veía mi vida como una página de notas desordenadas. Pero cuando reconocí que Él realmente estaba ahí, las notas se arreglaron en un formato hermoso, con Dios en primer lugar.

1. Amar a Dios.
2. Amar a otros como a sí mismo.

3. ¿Qué pasó?
¿Por qué hay tantos problemas?

El mundo es hermoso y podemos disfrutar muchísimo de la vida, pero también existen problemas terribles como el odio y la violencia, desastres naturales, la pobreza y el hambre, la delincuencia y la injusticia, la soledad y la depresión. ¿Por qué? ¿Qué sucedió?

¿Podría ser el resultado de un proceso evolutivo guiado por el principio de la supervivencia del más apto? Si es así, en realidad no existe el bien y el mal, solo lo débil y lo fuerte. "La fuerza hace el derecho." O como decía el Marquéz de Sade, "lo que *es*, es correcto." [ix]

Una explicación que encaja mejor en nuestro rompecabezas es que Dios creó un mundo bueno, y luego los humanos lo estropearon. El bien y el mal son conceptos válidos y el mundo necesita ser arreglado.

G. K. Chesterton ofrece la ilustración de una persona que despierta con amnesia en la playa de una isla abandonada. Encuentra restos que vienen de otro lugar: joyas, libros, fotografías, monedas y ropa fina. Concluye que hubo un naufragio. Esta es la situación del hombre. Vivimos en un mundo náufrago, y la Biblia explica cómo sucedió. [x]

Dios hizo todas las cosas hermosas y en armonía (Génesis 1). Nos creó con una conciencia y con el propósito de amarlo a Él y amarnos unos a otros.

Sin embargo, los primeros seres humanos (Adán y Eva) tomaron una decisión trágica. Se alejaron de Dios y lo desobedecieron. Dios les había advertido que el resultado de rechazarlo sería catastrófico. No obstante, decidieron vivir para sí mismos en lugar de vivir de acuerdo con su propósito original.

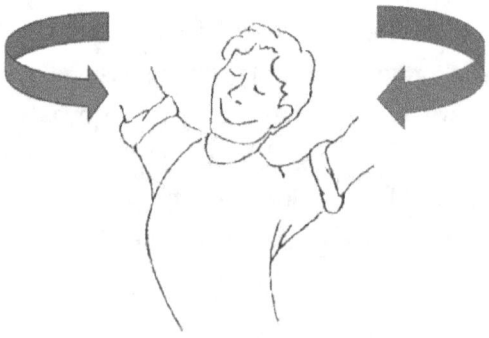

Eso fue lo que sucedió. Por eso hay tanta maldad y sufrimiento. Y el mismo egocentrismo sigue siendo una pandemia humana (Romanos 5:12). La Biblia enseña que todos somos pecadores y merecemos la condenación (Romanos 3).

Esto ha generado conflictos entre las personas y Dios, entre las personas y otras personas, entre las personas y la naturaleza, e incluso conflictos internos en los propios corazones de las personas.

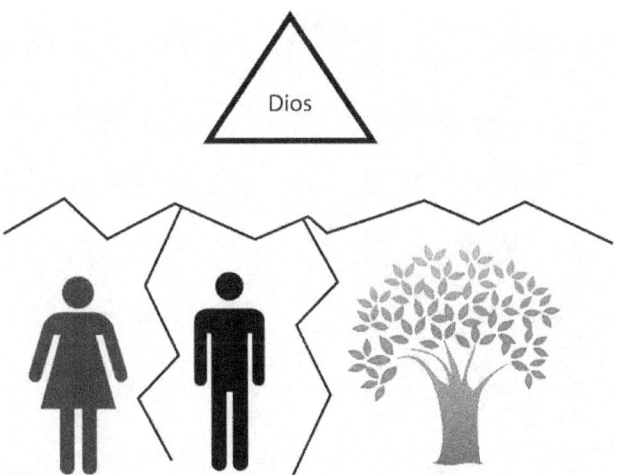

Frecuentemente alguien pregunta por qué Dios permitió que esto sucediera. No pretendemos comprenderlo totalmente, pero podemos suponer que Dios quería que fuéramos libres. Nos creó a Su imagen, y eso incluye la capacidad de tomar decisiones. Dios quería que lo amáramos y que lo siguiéramos de corazón, no porque estuviéramos programados para hacerlo.

Además, como veremos en el próximo capítulo, Dios ha estado resolviendo este problema de una manera maravillosa desde que empezó. Él es santo y no puede simplemente pasar por alto el pecado, así que recibe el castigo del pecado sobre Sí mismo en la persona de Jesús.

4. ¿Cómo se pueden resolver los problemas? ¿Hay esperanza?

Es fácil desanimarse. El filósofo Albert Camus dijo una vez:

> Hay algo que está horriblemente mal. Soy un hombre desilusionado y exhausto. Desde el éxito de Hitler he perdido la fe y la esperanza. ¿Será sorprendente entonces que, a mi edad, esté buscando algo en que creer?[xi]

Se han hecho muchos intentos por mejorar el mundo. Algunos han construido imperios o iniciado movimientos, otros han creado nuevas filosofías o religiones, y otros buscan soluciones en la política, mejores leyes, la ciencia, o la medicina. Algunos de estos esfuerzos pueden ayudar, pero al final todos nos decepcionan, porque no transforman realmente a las personas.

Estamos quebrados y no podemos arreglarnos. La naturaleza está dañada y no puede sanarse por sí sola. Los conflictos persisten. Lo que necesitamos es un *milagro*.

Esta es la belleza del mensaje cristiano. ¡Hay algo en qué creer! O, para ser más precisos, ¡hay alguien en *quién* creer! Jesús, siendo divino, cruzó las barreras cósmicas para hacerse también humano. No solo nos mostró cómo debemos vivir, sino que también fue a la cruz por nosotros. Al sufrir el castigo que merecemos, Jesús absorbió en sí mismo el pecado y el mal, como un "agujero negro" con una gravedad abrumadora, atrayendo todo lo corrupto al centro de su corazón.

Con Su sacrificio y Su resurrección victoriosa, inició el proceso de restauración (Romanos 8:1-4). Su Espíritu transforma nuestros corazones, y al creer en Jesús, comenzamos a experimentar sanidad en todas nuestras relaciones rotas (Colosenses 1:19-29).

Este proceso algún día se completará por toda la eternidad. ¡Ninguna otra religión o filosofía promete algo tan maravilloso!

Recuerdo la primera vez que realmente entendí lo que Jesús hizo por mí. Había mentido y me sentía mal por eso. Entonces escuché a una maestra explicar que Jesús murió en la cruz para perdonar nuestros pecados, dando ejemplos como robar o ¡*mentir*! Sentí que Dios me hablaba a través de ella. Ya no era solo una doctrina bíblica; ¡era algo personal!

Hace tiempo vi un video conmovedor que ilustra lo que Jesús ha hecho por nosotros. Un hombre se encuentra en un bosque, rodeado de muchas personas que le entregan objetos que sacan de las bolsas que llevan. Llena su enorme saco con las pertenencias hasta que sea casi demasiado pesado. Lo arrastra lentamente hacia un río, y se mete en las aguas profundas, tirando el saco, hasta que finalmente desaparece debajo de la superficie. La música dramática sigue sonando mientras espero y espero..., hasta que finalmente me doy cuenta de que se ha ahogado, llevándose consigo las cargas de todos los demás. Entonces, de repente, salta del agua cerca del otro lado, ¡sin la bolsa! La música se vuelve majestuosa, y veo que está vivo de nuevo, victorioso. ¡Qué maravillosa manera de explicar el mensaje de la salvación!

¿Y usted? ¿Se siente culpable por algo? Sáquelo de su bolsa y entrégueselo a Jesús. Pídale perdón. Luego, recuerde cómo fue a la cruz, murió por usted y resucitó victorioso. Él promete perdonar todos nuestros pecados (1 Juan 1:9). ¡Él se encarga de ellos!

5. ¿Qué sucederá después de que me muera? ¿Hay vida después de la muerte?

Las posibilidades principales son obvias: o dejamos de existir o continuamos en algún lugar en otra forma. ¿Cuál es la correcta?

Cuando ve el cuerpo sin vida de alguien a quien ama, se da cuenta de que, en cierto sentido, esa persona ya no está. Sabe que siempre fue más que un simple cuerpo físico. Lo más importante es lo que no podemos ver: un alma con personalidad. Es misterioso, pero siente que esa persona sigue existiendo en otra dimensión.

La Biblia enseña que, cuando cruzamos al otro mundo, o bien estaremos en la presencia de Dios eternamente o bien estaremos separados de Él eternamente.

Contrario a lo que algunos creen, la Biblia no enseña que seremos como ángeles que vuelan entre las nubes del cielo, tocando arpas eternamente. Más bien, Dios creará una nueva tierra y nos dará cuerpos renovados para vivir allí (Romanos 8:22-23). La Biblia comienza con la historia de la creación, seguida por la Caída y la corrupción (Génesis 1-3), y termina con profecías de una nueva creación donde todo será restaurado y mejorado (Apocalipsis 21-22).

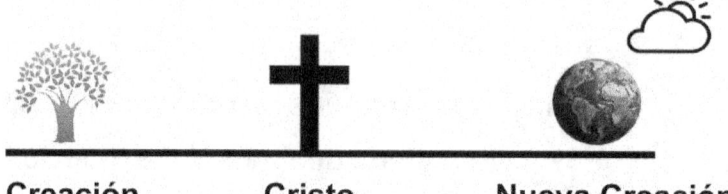

Creación   **Cristo**   **Nueva Creación**

Piense en el lugar más hermoso que haya visto en este mundo y en los momentos más maravillosos que haya pasado con sus seres queridos, y luego multiplíquelo por miles; ¡ni siquiera podemos imaginar lo maravilloso que será!

> El Señor es mi pastor, nada me faltará. En lugares de verdes pastos me hace descansar; junto a aguas de reposo me conduce. … Aunque pase por el valle de sombra de muerte, no temeré mal alguno, porque Tú estás conmigo; …Y en la casa del Señor moraré por siempre. (Salmo 23)

Si disfrutará o no de vivir en la presencia de Dios depende de una sola cosa: si cree y confía en Jesús (Juan 3:16). Debe decidir si está dispuesto a aceptar Su perdón y seguir Su camino, o si lo rechazará y continuará por su propio camino.

C.S. Lewis dice,

> Al final sólo hay dos clases de personas: los que le dicen a Dios: "Hágase tu voluntad", y aquellos a quienes Dios les dice, al final: "Hágase tu voluntad".[xii]

¿Qué clase de persona será usted?

6. ¿Cómo puedo estar seguro de algo?
Si existe la verdad, ¿cómo puedo conocerla?

Una última pregunta: ¿Cómo sabe que esto es cierto? Incluso, ¿cómo puede estar seguro de cualquier cosa?

De nuevo, hay dos opciones principales: usted decide por sí mismo u obtiene la verdad de una autoridad externa.

La historia de la filosofía demuestra que, si decide por sí mismo, no puede estar realmente seguro de nada. He experimentado esa horrible incertidumbre en primera persona.

Algunos creen que se puede encontrar la verdad observando y procesando las cosas. El problema es que hay una infinidad de cosas que analizar y todo cambia constantemente. Esto inevitablemente crea incertidumbre.

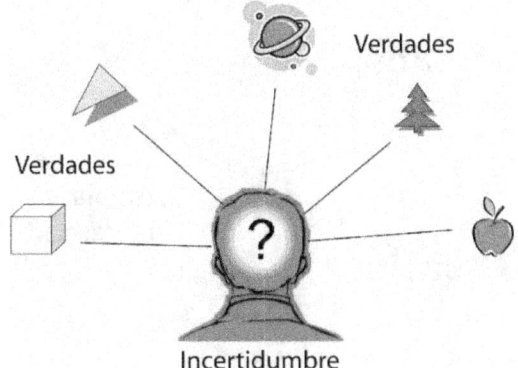

Otro método es simplemente usar su propia razón dentro de su mente para discernir la verdad. El problema es que no siempre puede estar seguro de que su razonamiento funcione correctamente. De hecho, hay cosas importantes que escapan una comprensión lógica precisa, como el amor y el concepto de infinito. Además, sabe que existe una realidad fuera de su mente que no puede controlar. Si está parado en las vías del tren y ve venir un tren, no puede simplemente decidir que el tren se detenga. Tiene que admitir que su propia mente no es la fuente de la verdad.

Otros podrían decidir que no podemos saber nada con certeza. Sin embargo, no se puede vivir así. Tenemos que tomar decisiones basadas en lo que creemos saber.

La única manera de estar seguro de conocer la verdad es dejar que Dios nos diga. Él creó todo, lo sabe todo y, en Su gracia, nos revela la verdad. Jesús prometió que el Espíritu Santo nos guiaría a la verdad (Juan 16:13).

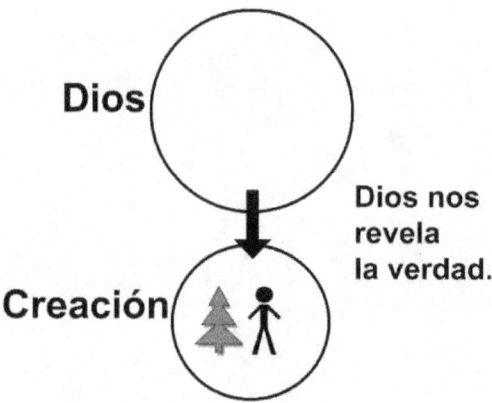

Dios se revela en la naturaleza, pero Su revelación verbal especial se encuentra en la Biblia. Allí se explican las respuestas a todas las preguntas importantes de forma coherente. Nos dice cómo llegamos aquí, cuál es nuestro propósito, por qué hay tantos problemas y cuál es la solución.

Si rechazamos Sus enseñanzas, no podremos armar el rompecabezas. De hecho, rechazar la verdad de Dios fue el primer paso de la Caída. Así comenzó el conflicto y la destrucción de todas las relaciones. Ahora, el primer paso para restaurar las cosas es creerle. Jesús dijo que, si seguimos su Palabra, conoceremos la verdad y la verdad nos hará libres (Juan 8:31-32).

Pasé un período de dudas sobre la Biblia. Durante ese tiempo, intentaba construir mi propio sistema de verdad, ladrillo por ladrillo. Sin embargo, me di cuenta de que no podía estar seguro de nada. Al mismo tiempo, vi que otros como Francis Schaeffer que creían en la Biblia disfrutaban de la certeza de un sistema completo de verdad, que les permitía comprender todos los aspectos de la vida: la ciencia, la historia, la ética, los idiomas, la filosofía, la política, la economía, las artes... ¡todo!

Esto parecía muy atractivo, pero no lo acepté hasta que leí cómo Adán y Eva se desviaron del camino al cuestionar las declaraciones de Dios en el Huerto de Edén. Cornelius Van Til decía que no tenían derecho a hacerse jueces de su Creador. ¡Tuve que admitir que yo estaba haciendo lo mismo! Le pedí perdón a Dios y le dije que me sometería a Su Palabra.

¿Y usted? ¿Cómo decide qué es verdad? ¿Confía en su propia mente y en su propia capacidad para determinar la verdad? Si es así, ¿le causa incertidumbre? ¿Está dispuesto a considerar a Dios como su fuente de verdad?

Si no está familiarizado con la Biblia, le animo a leerla con una mente abierta, dispuesto a escuchar la voz de Dios en ella. Puede empezar leyendo uno de los evangelios. O quizás prefiera empezar con el primer libro, Génesis.

Conclusión

Espero que este breve folleto le haya dado respuestas convincentes a algunas de las preguntas más importantes de la vida. También espero que le haya demostrado que estas respuestas forman un conjunto coherente, que puede encajar las piezas del rompecabezas.

Sin embargo, no basta con aceptar estas respuestas en su mente. Necesita aceptarlas en su corazón y tomar una decisión sobre su vida. Jesús murió en la cruz para que pudiéramos ser perdonados, regresó al cielo y envió al Espíritu Santo para estar con nosotros y guiarnos. El cristianismo es más que un sistema de verdades o un conjunto de principios éticos; es una relación personal con Dios: Padre, Hijo y Espíritu Santo. Simplemente pídale a Jesús que le perdone y entréguele su vida.

Si lo hace, Dios promete darle vida eterna (Juan 3:16), y puede empezar a desarrollar una relación con Él ahora mismo. Sentirá Su presencia en su vida. Él le escuchará cuando ora y se comunicará con usted de diferentes maneras, especialmente a través de la Biblia, su Palabra escrita.

¿Le gustaría experimentar esta nueva vida? Es algo muy personal entre usted y Dios, pero también podría hablar con algún cristiano que le ayude a empezar. Quizás quiera leer más sobre estas preguntas. También le recomiendo buscar una iglesia que enseñe fielmente la Biblia, donde se sienta en casa y donde encuentre amigos cristianos. ¡Su vida tendrá un nuevo significado y mayor gozo!

[i] Vea los argumentos de Francis Schaeffer en *Él está presente y no está callado*. (Logoi, 1974).

[ii] Cabanis, citado por James W. Sire en *The Universe Next Door: A Basic Worldview Catalog* (Downers Grove, IL: InterVarsity Press, 1997), 98. [En español, *El Universo de al lado*, Libros Desafío]

[iii] C. S. Lewis, *Los Milagros* (HarperOne, 2006).

[iv] J. B. S. Haldane, *Possible Worlds and Other Essays* (London: Chatto & Windus, 1937), citado por C. S. Lewis en *Los Milagros*.

[v] Carta a W. Graham (3 de julio, 1881), citado en *Autobiography of Charles Darwin and Selected Letters* (New York: Dover, originalmente 1892, después 1958).

[vi] C. S. Lewis, *Cautivado por la alegría* (HarperOne, 2006).

[vii] "La voluntad de dominio" *Los filósofos modernos* (Madrid: Biblioteca de Autores Cristianos, 1976), 247.

[viii] Marquis de Sade, "Dialogue between a Priest and a Dying Man," Justine, Philosophy in the Bedroom, and Other Writings, trans. Austryn Wainhouse and Richard Seaver (Jackson, TN: Grove Press, 1994), 165–66, 174.

[ix] Schaeffer, *He is There and He is Not Silent*, 26.

[x] G. K. Chesterton, citado por Philip Yancey en *Soul Survivor* (New York: Doubleday, 2001), 51, 52.

[xi] Howard Mumma, *Albert Camus and the Minister* [Alberto Camus y el ministro] (Brewster, Massachusetts: Paraclete Press, 2000), pp. 13-14.

[xii] C. S. Lewis, *El gran divorcio* (HarperOne, 2006).